빙글빙글 한국사 퀴즈

으뜸과버금가는아이들

빙글빙글 한국사 퀴즈

걸음마 엮음

머리말

　사람들이 모여 나라를 만들고 발전해 온 모든 과정을 일컬어 역사라고 해요. 우리나라가 처음 생긴 때부터 오늘날까지 변화하고 발전해 온 모든 과정은 '한국사' 또는 '국사'라고 불러요.

　역사는 과거 우리의 선조들의 지혜와 경험이 차곡차곡 쌓여 만들어진 결과물이에요. 과거가 없는 현재가 없듯 언젠가 현재는 미래의 과거가 될 거예요. 그래서 역사를 통해 배운 교훈으로 현재를 올바른 방향으로 살아간다면 분명 우리의 미래 또한 더 나은 미래가 만들어질 거예요.

　그런데 아주 오래전에 시작된 우리 역사를 공부하려면 그 양이 어마어마해서 우리 친구들에게 부담이 될 거예요. 하지만 걱정하지 마세요. [빙글빙글 한국사 퀴즈]는 우리 친구들이 즐겁게 역사를 공부할 수 있도록 만들었어요.

　[빙글빙글 한국사 퀴즈]와 함께 선사시대부터 근현대까지 역사 퀴즈를 풀어보면서 쉽고 재미있게 역사에 한 발 다가가길 응원합니다.

목차

1. 선사 시대 - 8

2. 삼국 시대 - 36

3. 고려 시대 - 89

4. 조선 시대 - 140

5. 근현대 - 192

초등교과연계

[사회 3-2] 시대마다 다른 삶의 모습

[사회 4-1] 우리가 알아보는 지역의 역사

[사회 5-2] 옛사람들의 삶과 문화

[사회 5-2] 사회의 새로운 변화와 오늘날의 우리

고조선의 첫 번째 왕은 누구일까요?

1. 선사 시대

1. 돌을 깨뜨리거나 갈아서 도구를 만들었던 시대는?

　　　　1) 석기시대
　　　　2) 철기시대
　　　　3) 소녀시대

정답 : 1) 석기시대

석기시대는 인류가 돌을 주요한 도구로 사용한 시대예요. 대표적으로 사용한 도구로는 돌을 깨서 만든 '뗀석기', 돌을 갈아서 만든 '간석기'가 있어요. 이 시기는 인류의 문명이 발달하지 않았고, 역사를 기록하기 전의 시기라는 뜻으로 '선사 시대'라고도 불러요.

2. 구석기 시대를 대표하는 뗀석기에 해당하는 것은?

1) 목검
2) 주먹도끼
3) 갈판

정답 : 2) 주먹도끼

 구석기 시대 사람들은 돌을 깨뜨려 '뗀석기'를 만들었어요. 돌을 깨뜨려서 한손에 움켜쥐고 쓸 수 있게 만든 주먹도끼는 구석기 시대에 만능 해결사 노릇을 하던 도구예요. 주먹도끼는 동물을 사냥하고, 사냥한 동물의 털과 가죽을 분리할 때 사용했어요.

[주먹도끼]

3. 간석기는 어떻게 만들었을까요?

1) 얼려서
2) 구워서
3) 갈아서

정답 : ㅋ) 갈아서

　신석기 시대 사람들은 돌을 갈아서 만든 '간석기'를 사용했어요. 구석기 시대처럼 여전히 사냥은 했지만, 농사를 짓고 가축을 기르기 시작하면서 한곳에 머물러 살기 시작했어요. 또 동물의 뼈와 이빨로 장신구를 만들고, 자연물에 영혼이 있다고 믿어서 이와 관련된 예술품을 만들었어요.

4. 신석기 시대에 땅을 파고 단단한 나무로 기둥을 세워 만든 집은?

1) 움집
2) 초가집
3) 벽돌집

정답 : 1) 움집

  신석기 시대 사람들은 농사를 짓고 가축을 기르기 시작하면서 한곳에 머물러 살았어요. 강가나 해안가에 '움집'을 짓고 살았지요. 움집은 원형 또는 사각형으로 땅을 파고, 기둥을 세운 후 그 위에 짚이나 풀잎 등을 엮어서 지붕을 만들었어요. 움집 가운데에는 밥도 만들어 먹고, 집 안도 따뜻하게 만들어주는 화덕을 피웠어요.

[움집 | 서울 암사동 유적]

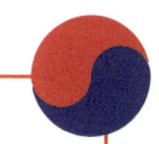

5. 신석기 시대에 사용하던 그릇은 무엇일까요?

1) 곰무늬토기
2) 민무늬토기
3) 빗살무늬토기

정답 : 3) 빗살무늬토기

 빗살무늬토기는 신석기 시대의 대표적인 그릇이에요. 농사를 지으며 한곳에 살게 된 사람들은 식량을 저장할 그릇이 필요해 토기를 만들었어요. 덕분에 음식을 끓여 먹거나 저장할 수 있게 되었지요. 빗살무늬토기의 겉면에는 빗금무늬가 새겨져 있어요.

[빗살무늬토기]

6. 신석기 시대 사람들이 옷을 만들 때 사용한 도구는?

1) 재봉틀
2) 뼈바늘
3) 쇠바늘

정답 : 2) 뼈바늘

　신석기 시대 사람들은 나무의 잎이나 껍질, 동물의 가죽을 이용해 옷을 만들어 입었어요. 옷을 만들 때 사용한 도구가 바로 '뼈바늘'이에요. 뼈바늘은 동물의 뼈를 갈아서 바늘처럼 뾰족하게 만들어 사용했어요. 돌을 동그랗게 깎아서 가운데 구멍을 뚫어 실을 감을 수 있는 '가락바퀴'도 뼈바늘과 함께 옷을 만들 때 사용했답니다.

[가락바퀴와 뼈바늘]

7. 청동기 시대에 돌로 만든 무덤은 무엇일까요?

1) 벽돌무덤
2) 고인돌
3) 돌무지무덤

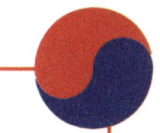

정답 : 2) 고인돌

고인돌은 '괴어 있는 돌'이라는 뜻으로, 청동기 시대의 무덤이에요. 돌이 크고 무거워 많은 사람이 힘을 모으지 않으면 만들기 어려웠어요. 무덤에서 청동검, 청동거울과 같은 귀한 물건이 발견된 것으로 보아 무덤의 주인은 사람들에게 커다란 고인돌을 만들게 할 정도로 힘을 가진 사람이었을 것으로 짐작해요.

[고인돌 | 강화 부근리 점골 고인돌]

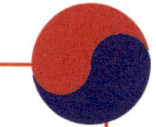

8. 청동기 시대에는 벼를 벨 때 어떤 도구를 사용했을까요?

1) 화살촉
2) 반달돌칼
3) 쇠낫

정답 : 2) 반달돌칼

 반달돌칼은 곡식의 이삭을 벨 때 쓰던 반달 모양의 농사 기구예요. 청동기 시대가 되었어도 청동은 귀했기 때문에 농사지을 때 주로 간석기인 반달돌칼을 사용했어요. 반달돌칼은 가운데 구멍 두 개에 끈을 넣고 손잡이처럼 잡아서 사용했다고 해요.

[반달돌칼]

9. 청동으로 만든 칼로, 비파라는 악기를 닮은 칼의 이름은?

   1) 비파형 동검
   2) 세형 동검
   3) 단군왕검

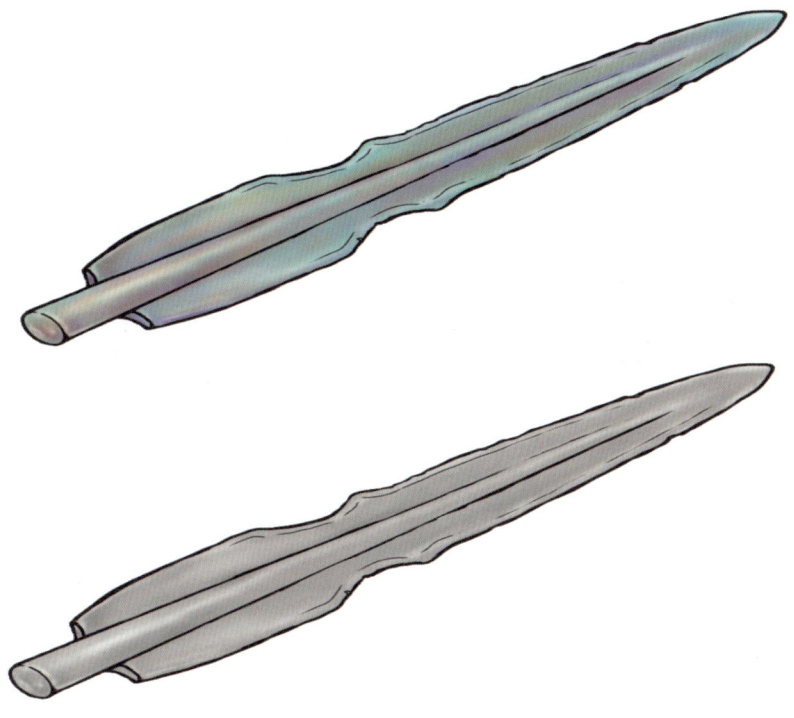

정답 : 1) 비파형 동검

 비파형 동검은 청동으로 만든 검의 한 종류로, 위쪽이 가늘고 아래쪽이 두꺼운 모습이 현악기인 비파를 닮았어요. 청동기 시대 문화를 나타내는 대표적인 유물이지요. 비파형 동검보다 가늘고 날카로운 세형 동검 역시 청동으로 만든 검이지만, 비파형 동검에 비해 훨씬 뒤에 만들어졌어요.

[현악기 비파(좌) | 비파형동검(우)]

10. 이 땅에 제일 처음 세워진 나라는 무엇일까요?

1) 대한민국
2) 고구려
3) 고조선

정답 : 3) 고조선

  고조선은 우리 민족이 세운 최초의 국가예요. 청동기 문화를 바탕으로 한반도 북쪽과 만주 지방을 중심으로 세워졌어요. 고조선은 철기를 받아들여 주변 지역을 정복하고, 중국의 한나라와 한반도 남쪽의 나라를 오가며 무역을 해 성장했어요. 고조선이 성장하자 한나라가 쳐들어와 기원전 108년에 멸망했어요.

[고조선의 영토]

11. 고조선의 첫 번째 왕은 누구일까요?

1) 환웅
2) 단군왕검
3) 세종대왕

정답 : 2) 단군왕검

　단군왕검은 고조선의 첫 번째 왕이에요. 하늘의 신인 환인의 아들 환웅과 곰에서 사람이 된 웅녀 사이에서 태어났다고 전해져요. 단군은 하늘에 제사를 지내는 '제사장'이라는 뜻이고, 왕검은 '백성을 다스리는 지배자'라는 뜻이에요. 즉, 단군왕검은 종교와 정치를 모두 맡았던 지도자였지요. 단군왕검은 아사달을 도읍으로 정하고 고조선을 세웠어요.

12. 고조선의 사회 질서를 지키기 위해 만든 우리나라 최초의 법은?

1) 헌법
2) 불법
3) 8조법

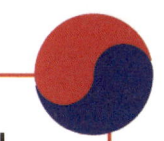

정답 : 3) 8조법

고조선에는 사회 질서를 유지하기 위해 8개의 금지하는 행동 조항이 있었다는 기록이 있어요. 이게 바로 '8조법'이에요. 8개 조항 중 '사람을 죽인 자는 사형에 처한다.', '남을 다치게 한 자는 곡식으로 갚는다.', '남의 물건을 훔친 자는 종으로 삼되 용서를 받으려면 돈을 내야 한다.' 라는 3개 조항만이 전해지고 있어요.

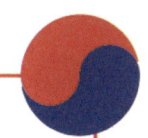

압록강 근처에 고구려를 세운
사람은 누구일까요?

2. 삼국 시대

1. 압록강 근처에 고구려를 세운 사람은 누구일까요?

   1) 금와
   2) 주몽
   3) 을파소

정답 : 2) 주몽

 고구려에 앞서 있었던 나라가 부여예요. 부여에서 갈라져 나온 주몽은 압록강 주변 지역인 졸본 땅을 도읍으로 정하고, 나라 이름을 고구려라고 했어요. 금와는 부여의 왕이고, 을파소는 고구려의 유명한 신하예요.

[무용총 수렵도 | 중국 지린성(길림성)]

2. 고구려에서 해마다 추수가 끝나는 10월에 열렸던 행사는?

   1) 핼로윈
   2) 영고
   3) 동맹

정답 : 3) 동맹

 예로부터 가을은 곡식이 익어 풍성한 계절이에요. 사람들은 추수가 끝나면 하늘에 감사를 표시하며 풍성한 먹거리와 함께 노래와 춤을 즐겼어요. 이렇게 추수가 끝나면 각 나라마다 행사가 있었는데 고구려에서는 이를 '동맹'이라고 불렀어요.

[무용총 무용도 | 중국 지린성(길림성)]

3. 고구려 땅을 북쪽으로 가장 넓게 확장한 왕은 누구일까요?

1) 광개토대왕
2) 근초고왕
3) 무령왕

정답 : 1) 광개토대왕

 광개토대왕의 이름은 '넓게 땅을 연 왕'이라는 뜻이에요. 광개토대왕은 남쪽으로는 임진강 지역, 북으로는 만주와 흑룡강, 동쪽으로는 러시아의 연해주, 서쪽으로는 중국 요동 지역까지 땅을 넓혀 대제국을 건설했어요.

[광개토대왕릉비 | 중국 지린성(길림성)]

4. 고구려 장수왕은 왜 수도를 평양으로 옮겼을까요?

   1) 경치가 좋은 곳에 살기 위해
   2) 원래 수도가 불이 나서
   3) 남쪽으로 땅을 넓히기 위해

정답 : 3) 남쪽으로 땅을 넓히기 위해

장수왕은 광개토대왕의 아들로 중국과 사이좋게 지내며 북쪽 땅을 평화롭게 만든 다음, 남쪽 지역까지 땅을 넓히려고 했어요. 그래서 왕권을 강화하고 신라와 백제를 공격하기 쉽도록 수도를 국내성에서 평양으로 옮겼고, 475년에 백제와 싸워 한강 근처의 땅을 차지했어요.

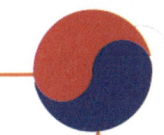

5. 살수 대첩에서 수나라를 물리친 고구려 장군은 누구일까요?

1) 을지문덕
2) 이순신
3) 맥아더

정답 : 1) 을지문덕

살수 대첩은 612년에 고구려와 수나라가 벌인 전쟁이에요. 수나라는 113만 명의 군대를 이끌고 고구려를 공격했지만, 고구려는 요동에서 강력히 저항했어요. 을지문덕은 도망치는 척하면서 수나라 군대를 평양성으로 유인하고 그들이 살수(지금의 청천강)를 반쯤 건넜을 때 공격하여 승리했어요.

[을지문덕 장군 동상 | 서울어린이대공원]

6. 고구려를 침략한 당 태종의 군대를 크게 무찌른 전투는?

1) 황산벌 전투
2) 귀주 대첩
3) 안시성 싸움

정답 : 3) 안시성 싸움

  수나라 뒤를 이어 나라를 세운 당나라는 땅을 넓히기 위해 주변 나라를 공격했어요. 645년에 당나라 태종은 고구려에 쳐들어와 안시성을 몇 달 동안이나 공격했어요. 하지만 안시성 성주와 백성들은 굳건하게 저항했고, 결국 당나라 군대는 물러났어요. 안시성 성주는 양만춘이라는 추측이 있어요.

7. 백제를 세운 사람은 누구일까요?

1) 단군
2) 왕건
3) 온조

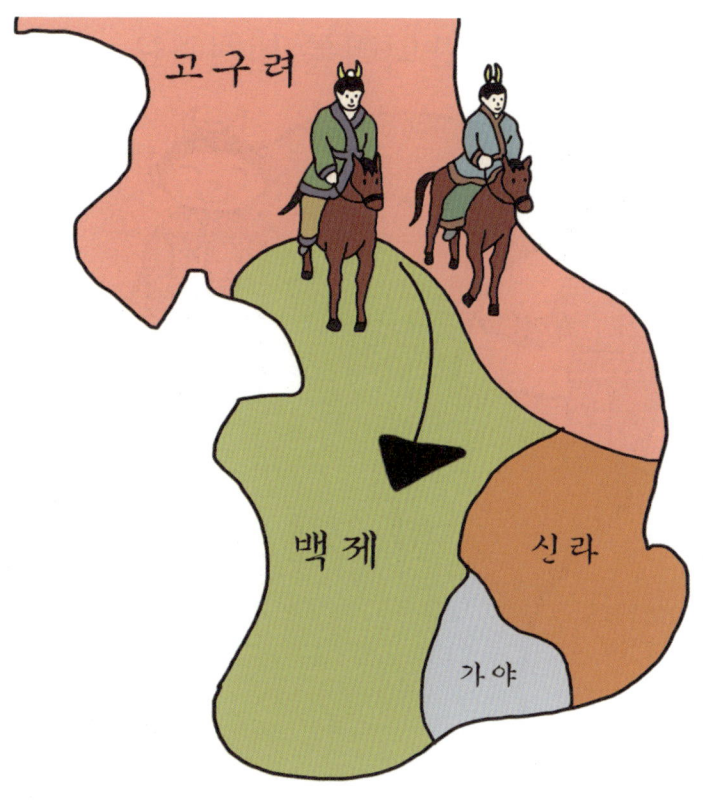

정답 : 3) 온조

　온조는 고구려를 세운 주몽(동명성왕)의 아들이에요. 고구려에서 형 비류와 함께 자신을 따르는 백성을 이끌고 남쪽으로 내려왔어요. 비류는 미추홀에 자리를 잡았으며, 온조는 한강 남쪽에 위례성을 짓고 나라를 세웠어요.

8. 활발한 정복 활동을 펼쳐 백제의 전성기를 열었던 왕은?

　　　　1) 장수왕
　　　　2) 근초고왕
　　　　3) 보장왕

정답 : 2) 근초고왕

  근초고왕은 백제의 제13대 왕으로 활발한 정복 활동을 펼쳐 가야 지역까지 백제 세력으로 만들었고, 고구려를 공격해 당시 고구려 왕인 고국원왕을 죽게 만들었어요. 근초고왕은 정복 활동뿐만 아니라, 역사서 편찬, 왕권 강화, 해상 무역 발전 등 다방면에 걸쳐 업적을 남겼어요.

9. 근초고왕 때 일본에 전해 준 유물로 짐작되는 것은 무엇일까요?

1) 금제팔찌
2) 상감청자
3) 칠지도

정답 : 3) 칠지도

　칠지도란 일본에 전해져 내려오는 철로 만든 칼이에요. 중심이 되는 칼날 하나와 좌우로 가지처럼 뻗은 칼날이 3개씩, 모두 7개의 칼날을 이루고 있어 붙여진 이름이에요. 칼 뒷부분에는 백제 왕세자가 일본 왜왕을 위해 만들었으니 후세에 전하라고 쓰여 있는데, 근초고왕이 보낸 것으로 추정하고 있어요.

[칠지도]

10. 백제의 학자 왕인을 초청한 나라는 어디일까요?

1) 일본
2) 베트남
3) 중국

정답 : 1) 일본

 백제는 삼국 중에서 일본과 가장 활발하게 교류했어요. 왕인은 백제의 학자로 일본 역사책인 '일본서기'에 기록이 남아있어요. 일본 왕의 초청을 받은 왕인은 일본으로 건너가 한문과 논어, 천자문을 전해주었어요. 일본 사람들은 학문에 뛰어난 왕인을 존경했다고 해요.

[왕인 동상 | 영암군 왕인 박사 유적]

11. 신라와 백제의 마지막 싸움은 무엇일까요?

1) 청산리 전투
2) 6.25 전쟁
3) 황산벌 전투

정답 : 3) 황산벌 전투

  황산벌 전투는 660년에 신라와 백제가 벌인 전투예요. 신라는 당나라와 힘을 합쳐 백제를 공격했어요. 당시 백제를 대표하는 계백 장군이 용감하게 맞서 싸웠지만 화랑을 앞세운 신라에 결국 패하고 말았어요.

12. 고구려, 백제, 신라가 국가의 모습을 갖출 때 낙동강 주변에 생긴 나라는?

   1) 탐라
   2) 가야
   3) 마한

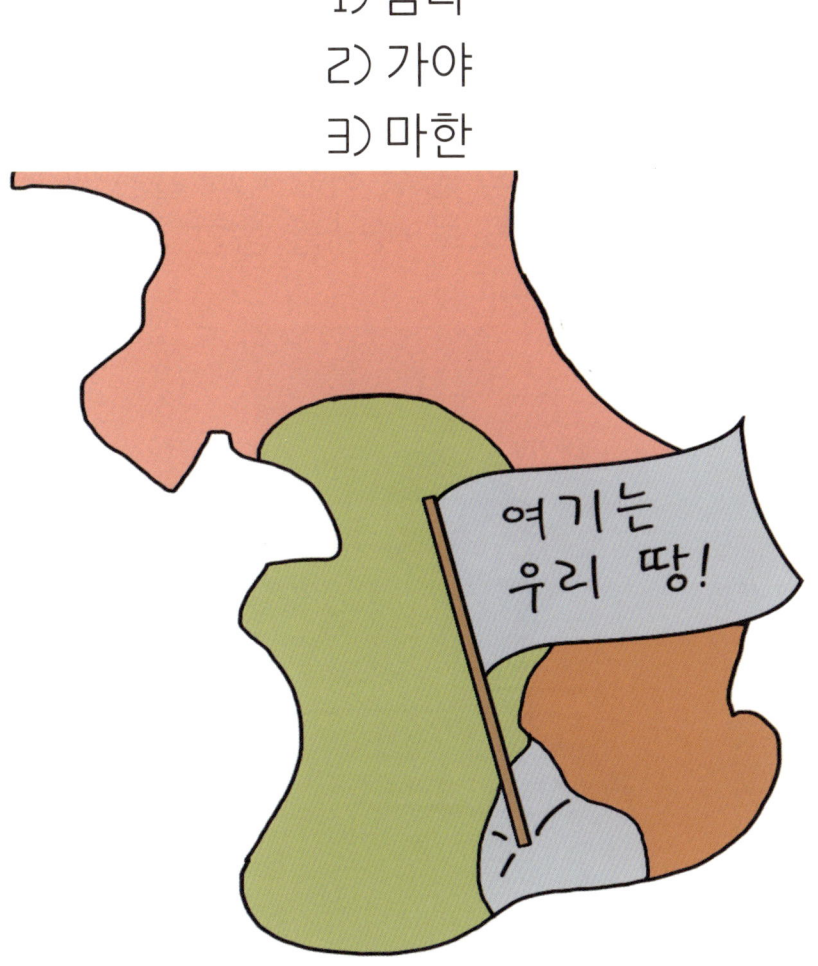

정답 : 2) 가야

 가야는 금관가야, 대가야, 아라가야, 고령가야, 성산가야, 소가야의 6개 부족이 모여 이루어진 나라였어요. 가야의 첫 번째 왕인 김수로는 인도 아유타국의 공주 허황옥과 결혼했다는 전설이 내려올 정도로 바다를 통한 교류가 활발했던 나라였답니다.

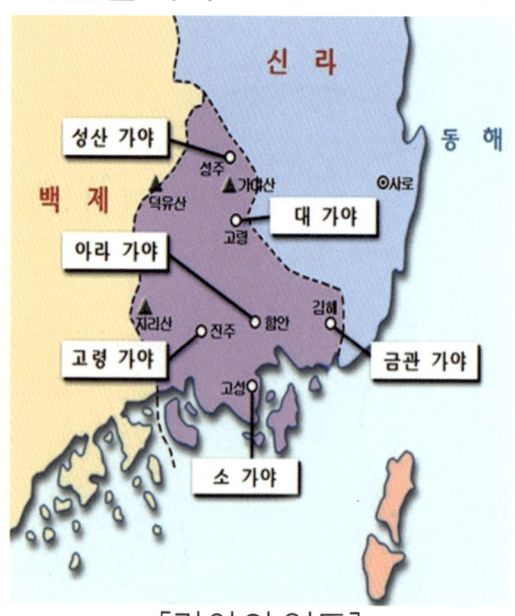

[가야의 영토]

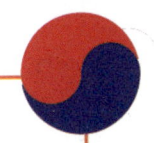

13. 신라의 왕 박혁거세는 어디에서 태어났을까요?

1) 알
2) 나무
3) 우물

정답 : 1) 알

  신라는 여섯 부족이 다스리는 작은 나라였어요. 어느 날 여섯 부족의 촌장들이 우물 옆에 있는 하얀 말을 보았어요. 가까이 다가가니 말은 날아가고 커다란 알만 남았는데, 그 알에서 아기가 나왔어요. 촌장들은 아기를 신라의 왕으로 삼고 박혁거세라고 이름 붙였지요.

14. 천 년 가까이 신라의 수도였던 곳은?

1) 서울
2) 경주
3) 부산

정답 : 2) 경주

경주는 서라벌(금성)이라 불리며 기원전 57년부터 935년까지 약 991년간 신라의 수도였어요. 하나의 국가가 하나의 수도에서 천 년을 지속한 경우는 전 세계적으로도 드물어요. 오랜 기간 신라의 수도였던 경주는 오늘날까지도 다양한 신라 시대의 유적을 만나 볼 수 있어요.

위에서부터 시계 방향으로
[첨성대 | 불국사 삼층석탑 | 석굴암]

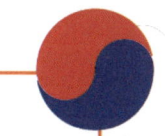

15. 신라의 엄격한 신분 제도는 무엇일까요?

1) 골품제
2) 골동품제
3) 카스트

정답 : 1) 골품제

골품제는 신라 시대의 엄격한 신분 제도예요. 왕족을 대상으로 한 골제(성골, 진골)와 그 아래 지배층을 대상으로 한 두품제로 나뉘어요. 신분이 낮으면 아무리 재능이 뛰어나도 높은 관직을 맡을 수 없었어요. 그리고 신분에 따라 옷의 색깔, 집의 크기, 키울 수 있는 말의 수도 달랐어요.

16. 불교를 위해 목숨을 바친 신라 사람은 누구일까요?

　　　1) 석가모니
　　　2) 이차돈
　　　3) 공자

정답 : 2) 이차돈

 법흥왕은 백성을 하나로 모을 수 있는 불교를 받아들이려고 했어요. 하지만 귀족들이 강하게 반대했고, 이차돈은 법흥왕과 상의하여 자기 목을 베어 달라고 말했어요. 이차돈의 목을 베는 순간 하얀 피가 솟구치고 하늘에서 꽃비가 내렸어요. 이를 계기로 모두 불교를 받아들였어요.

[이차돈 순교비]

17. 진흥왕이 젊은이들을 유능하게 키우기 위해 만든 단체는?

1) 국자감
2) 화랑도
3) 보이스카우트

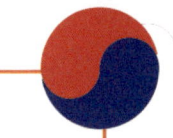

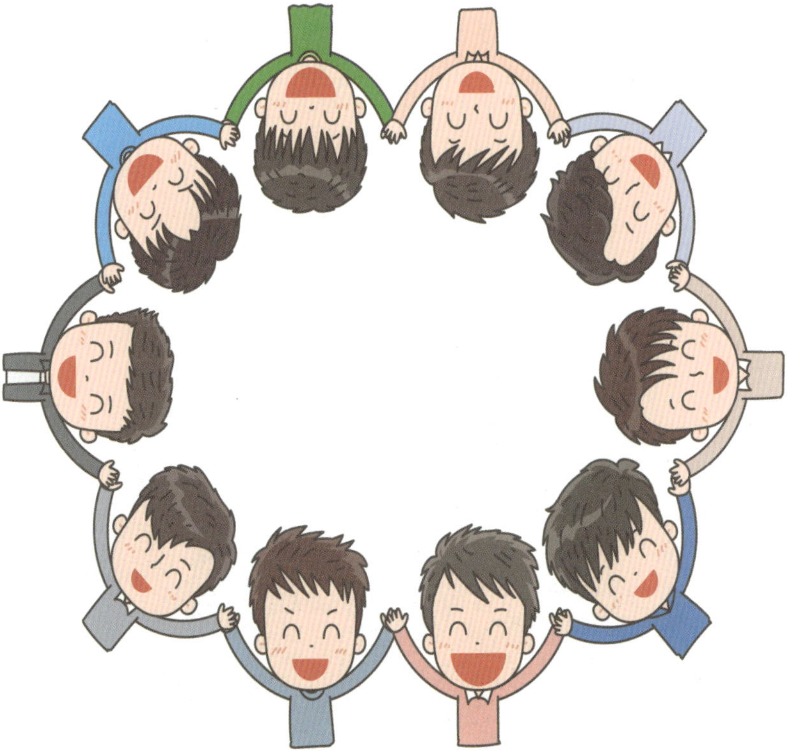

정답 : **2) 화랑도**

  화랑도는 진흥왕이 나라의 인재를 기르기 위해 만든 신라의 청소년 모임이에요. 귀족인 화랑과 그를 따르는 낭도로 구성되었어요. 이들은 검 쓰는 방법을 배우고 몸과 마음을 단련했어요. 그리고 원광의 가르침인 세속 5계를 지키며 충과 효를 중요하게 생각했어요.

18. 우리나라의 첫 번째 여왕은 누구일까요?

1) 선덕 여왕
2) 진성 여왕
3) 진덕 여왕

정답 : 1) 선덕 여왕

  선덕 여왕은 우리나라 최초의 여왕이에요. 신라에서는 골품제에 따라 성골 신분만 왕이 될 수 있었어요. 그런데 진평왕에게는 아들이 없어서 큰딸이 왕이 되었는데, 바로 선덕 여왕이에요. 선덕 여왕은 분황사 모전석탑과 황룡사 9층 목탑, 그리고 첨성대를 세우는 등 문화 발전에 큰 역할을 했어요.

[분황사 모전석탑(좌) | 황룡사 9층 목탑(모형)(우)]

19. 황산벌에서 계백과 싸운 신라 장군은 누구일까요?

1) 맥아더
2) 이순신
3) 김유신

정답 : 3) 김유신

　김유신은 삼국 통일에 커다란 공을 세운 신라의 장군이에요. 금관가야의 왕족 집안에서 태어났지만, 가야가 멸망한 뒤 신라의 진골 귀족이 되었어요. 김유신은 660년 황산벌 전투에서 백제의 계백 장군과 싸워 이겼고, 이후 삼국을 통일하는 데 큰 역할을 했어요.

[김유신 장군 동상 | 경주시 황성공원]

20. 고구려를 멸망시키고 당나라 세력을 몰아내어 삼국 통일을 이룬 왕은?

   1) 경덕왕
   2) 문무왕
   3) 무열왕

정답 : 2) 문무왕

　태종 무열왕인 김춘추는 삼국 통일의 꿈을 위해 노력했지만, 백제의 멸망만을 지켜보고 죽고 말았어요. 이후 고구려를 멸망시킨 왕은 김춘추의 아들인 문무왕이에요. 문무왕은 고구려 멸망 후 한반도를 지배하려 했던 당나라를 몰아내고 삼국 통일을 완성했어요. 후에 문무왕은 죽어서도 용이 되어 나라를 지키겠다고 유언했고 문무왕의 아들인 신문왕은 아버지의 유언에 따라 동해 한가운데 있는 바위섬에 수중 왕릉을 만들었어요.

[문무대왕릉]

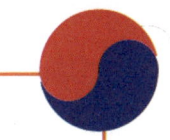

21. 해골에 든 물을 마시고 깨달음을 얻은 스님은 누구일까요?

1) 담징
2) 궁예
3) 원효

정답 : 3) 원효

 원효는 신라를 대표하는 스님이에요. 당나라로 가던 중 동굴에서 하룻밤을 보내게 되었는데, 잠결에 목이 말라 그릇에 담긴 물을 맛있게 마셨어요. 다음 날, 그 물이 해골에 담긴 썩은 물임을 알게 되었고, 모든 것이 마음먹기에 달렸음을 깨달았지요. 원효는 다시 신라로 돌아가 불교를 널리 퍼뜨렸어요.

[원효대사]

22. 다보탑, 백운교로 유명한 신라의 절은 무엇일까요?

1) 조계사
2) 불국사
3) 해인사

정답 : 2) 불국사

　불국사는 통일 신라 시대의 대표적인 절이에요. 건물과 탑을 균형 있게 만들어 부처님이 사는 이상 세계를 표현했어요. 법흥왕 때 처음 지었고, 경덕왕 때 김대성이 고쳐서 다시 지었다고 전해져요. 불국사는 청운교와 백운교, 불국사 3층 석탑과 다보탑으로 유명해요.

[불국사 다보탑(좌) | 청운교와 백운교(우)]

23. 청해진을 설치하여 당나라와 신라, 일본을 잇는 무역을 주도한 사람은?

1) 장보고
2) 장영실
3) 장비

정답 : 1) 장보고

　평민이었던 장보고는 당나라로 건너가 군인이 되었어요. 하지만 신라 백성들이 해적에게 잡혀 노비로 팔려 가는 모습을 보고 다시 신라로 돌아왔어요. 이후 장보고는 해적을 없애고 신라 백성을 보호하기 위해 청해(지금의 완도)에 해상 기지인 청해진을 설치했어요.

[완도 청해진 유적]

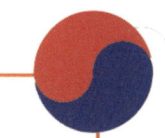

24. 발해를 세운 사람은 누구일까요?

1) 왕건
2) 김춘추
3) 대조영

정답 : 3) 대조영

 고구려 멸망 후 많은 고구려 땅을 당나라가 차지했어요. 하지만 꾸준히 고구려를 다시 세우려는 움직임이 일어났고, 화가 난 당나라는 고구려 사람들을 이곳저곳으로 흩어놓았어요. 대조영은 이런 어려움을 뚫고 사람들을 모아 당나라와 맞서며 옛 고구려 땅인 동모산에 성을 쌓고 발해를 세웠어요.

고려의 대표적인 국제 무역항구는
어디일까요?

3. 고려 시대

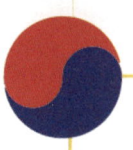

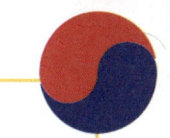

1. 후고구려, 후백제, 신라가 맞서던 시대는 무엇일까요?

   1) 냉전시대
   2) 후삼국시대
   3) 삼국시대

정답 : 2) 후삼국시대

 후고구려, 후백제, 신라가 맞서던 때를 '후삼국시대'라고 해요. 신라 말에 신라의 왕과 귀족들은 나라를 돌보지 않았고, 백성들은 흉년과 전염병으로 큰 고통을 받았어요. 이러한 혼란을 틈타 견훤이 900년에 후백제를 세우고, 궁예가 901년에 후고구려를 세워 신라와 힘을 겨루었어요.

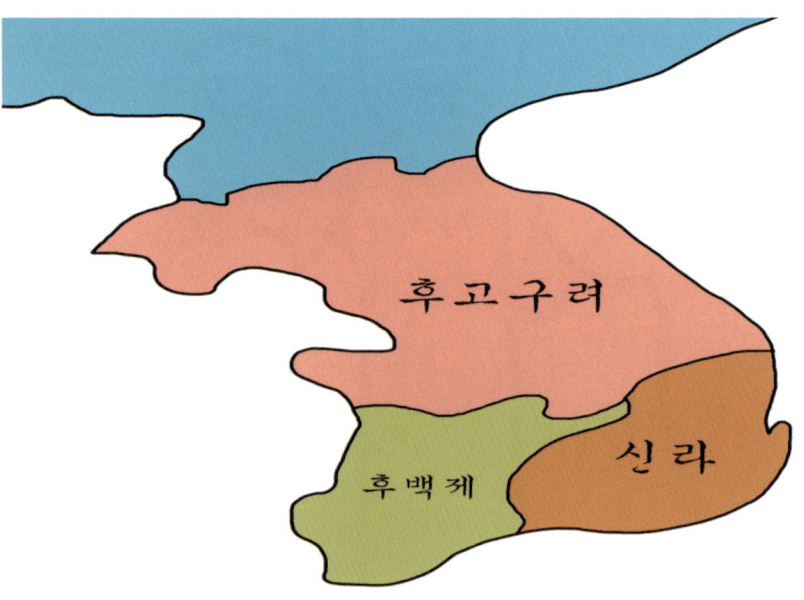

2. 다음 중 궁예와 관련 없는 것은 무엇일까요?

1) 후고구려
2) 철원
3) 평민

정답 : 3) 평민

　궁예는 신라 왕(헌안왕 또는 경문왕)의 후궁이 낳은 아들이라고 전해져요. 그러니 왕족이지 평민은 아니에요. 철원도 궁예와 관련이 있어요. 후고구려를 세우고 수도로 삼은 곳이 철원 지방이거든요. 또 궁예는 활을 무척 잘 다루었다고 해요.

[궁예 | 안성시 칠장사 벽화]

3. 고려를 세운 사람은 누구일까요?

1) 왕건
2) 왕서방
3) 왕요

정답 : 1) 왕건

 태조 왕건은 후고구려의 궁예를 몰아내고 918년에 고려를 세웠어요. 이후 신라는 고려에 항복했고, 왕건은 후백제를 공격하여 후삼국을 통일했어요. 왕건은 옛 고구려를 되찾기 위해 북쪽으로 땅을 넓히고 나라를 안정시켰어요. 또 후대 임금들에게 '훈요 10조'를 남겨 가르침을 주었어요.

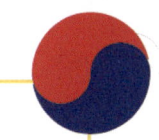

4. 왕건은 고려의 수도를 어디로 정했을까요?

1) 평양
2) 개경
3) 제주

정답 : 2) 개경

왕건은 고향이자 자신을 따르는 사람이 많은 송악(지금의 개성)을 수도로 정했어요. 나중에 송악은 개경으로 이름이 바뀌었어요. 개경은 한 반도 중심에 있어 교통이 편리했어요. 또 북쪽에는 산이 있어 적의 침입을 막기에도 알맞았지요. 개경은 약 500년 동안 고려의 수도였어요.

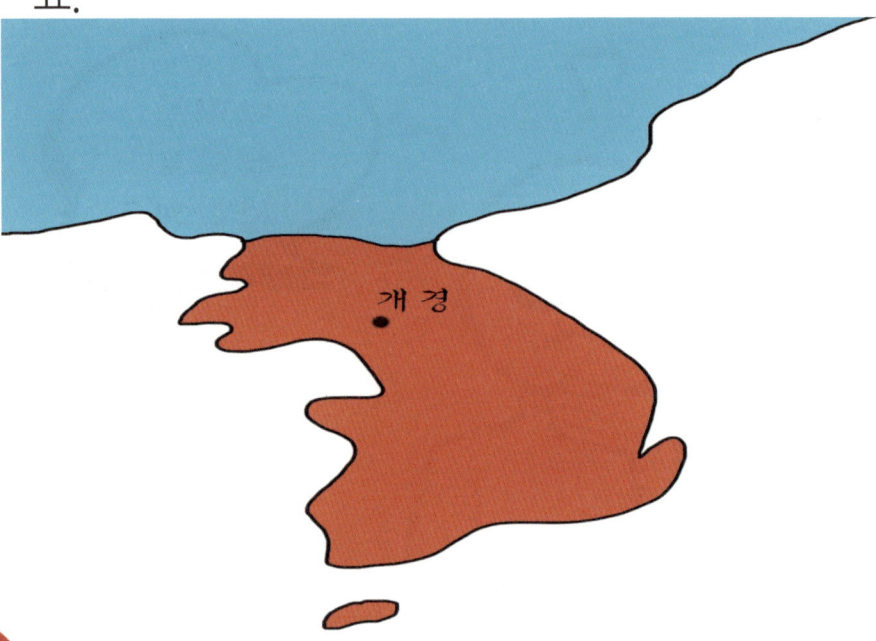

5. 고려 광종이 왕권을 강화하기 위해 만든 관리 선발 제도는?

1) 노비제
2) 호족제
3) 과거제

정답 : 3) 과거제

 광종이 왕이 되기 전에는 관리를 뽑을 때 기준이 오로지 신분이었어요. 하지만 과거제가 실시되면서 기준이 하나 더 생긴 거죠. 과거를 보려면 왕에게 충성하라는 덕목을 가르치는 유교 지식이 있어야 했어요. 과거제 덕에 귀족의 힘이 조금은 약해지고 왕권이 강화될 수 있었어요.

6. 음서제는 어떤 제도일까요?

1) 시험을 통해 관리가 되는 제도
2) 귀족 자식을 시험 없이 관리로 삼는 제도
3) 평민이 땅을 살 수 있는 제도

정답 : 2) 귀족 자식을 시험 없이 관리로 삼는 제도

음서제는 귀족의 자식들을 시험 없이 관리로 삼는 제도예요. 이는 고려가 귀족 중심 사회였다는 사실을 보여 주는 증거지요. 또 고려에는 공음전도 있었는데, 대대로 자식에게 물려줄 수 있는 땅이었어요. 귀족들은 음서제와 공음전으로 권력과 부를 누리며 살았어요.

7. 시무 28조를 성종에게 올리며 유교적 통치 이념에 따른 제도 정비에 이바지한 사람은?

1) 최승로
2) 최무선
3) 최치원

정답 : 1) 최승로

　최승로가 성종에게 올린 시무 28조에는 '불교보다는 유교에 따라 나라를 다스린다.'와 같이 유교적인 가치를 담고 있는 조항이 들어 있어요. 이후 유교는 고려 사회의 정치에서 중요한 역할을 하게 되지요.

8. 강동 6주를 되찾은 고려의 외교관은 누구일까요?

1) 동희
2) 남희
3) 서희

정답 : 3) 서희

 서희는 고려의 외교관이에요. 거란은 고려가 송나라와 가깝게 지내자 고려를 공격했어요. 서희는 거란의 장수 소손녕과 담판을 벌여 송나라와 관계를 끊고 거란과 교류할 것을 약속했어요. 그리고 압록강 동쪽의 강동 6주를 받기로 했어요. 고려는 서희의 활약으로 전쟁도 막고 영토도 넓혔지요.

[서희 동상 | 국립외교원]

9. 거란의 침입에 맞서 강감찬 장군이 대승을 거둔 전투는?

1) 행주대첩
2) 귀주대첩
3) 살수대첩

정답 : 2) 귀주대첩

　강감찬 장군은 거란이 침입하자 백성들이 식량을 모두 가지고 성 안으로 피신하게 했어요. 먹을 것을 찾을 수 없었던 거란은 굶주리고 지친 채 개경 부근까지 왔지요. 결국 후퇴를 결정하고 돌아가는 거란군을 좁은 계곡으로 유인해 크게 물리친 전투가 귀주대첩이에요.

[강감찬 장군 동상 | 서울시 낙성대공원]

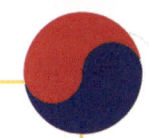

10. 고려 숙종 때 윤관이 여진 정벌을 위해 만든 군대는?

1) 해병대
2) 별무반
3) 2군 6위

정답 : 2) 별무반

 여진족이 통일되면서 고려와 충돌하게 되었어요. 여진족과의 충돌에서 보병 부대 중심의 고려군은 기병인 여진에게 매번 패하였지요. 이에 고려는 윤관의 건의에 따라 기병 부대인 신기군, 보병 부대인 신보군, 승병 부대인 항마군으로 구성된 별무반을 만들었어요.

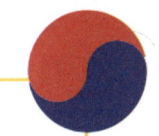

11. 윤관이 여진족을 몰아내고 고려의 영토로 확보한 곳은?

1) 강동 6주
2) 만주 지역
3) 동북 9성

정답 : 3) 동북 9성

윤관은 별무반을 이끌고 여진족이 있는 곳을 공격해 큰 승리를 거두었어요. 윤관은 여진족을 몰아낸 땅에 9개의 성을 쌓았다고 해요. 이 지역을 동북 9성이라 하지요. 하지만 후일 여진족이 이 지역을 돌려달라고 하자 유지하는데 비용이 많이 들어 힘들어하던 고려는 돌려주고 말았어요.

[윤관 장군 동상 | 서울시 훈련원공원]

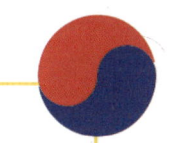

12. 고려의 대표적인 국제 무역항구는 어디일까요?

1) 울릉도
2) 제주도
3) 벽란도

정답 : 3) 벽란도

 벽란도는 황해도 예성강 하류에 있었던 무역항이에요. 고려의 수도인 개경과 가깝고, 배가 지나다니기 쉬워 무역항으로 발전했어요. 멀리 아라비아 상인까지 올 정도로 국제 무역 항구로 이름을 떨쳤어요. 이때부터 고려는 아라비아 상인들에 의해 '코리아'라는 이름으로 서양에 알려졌어요.

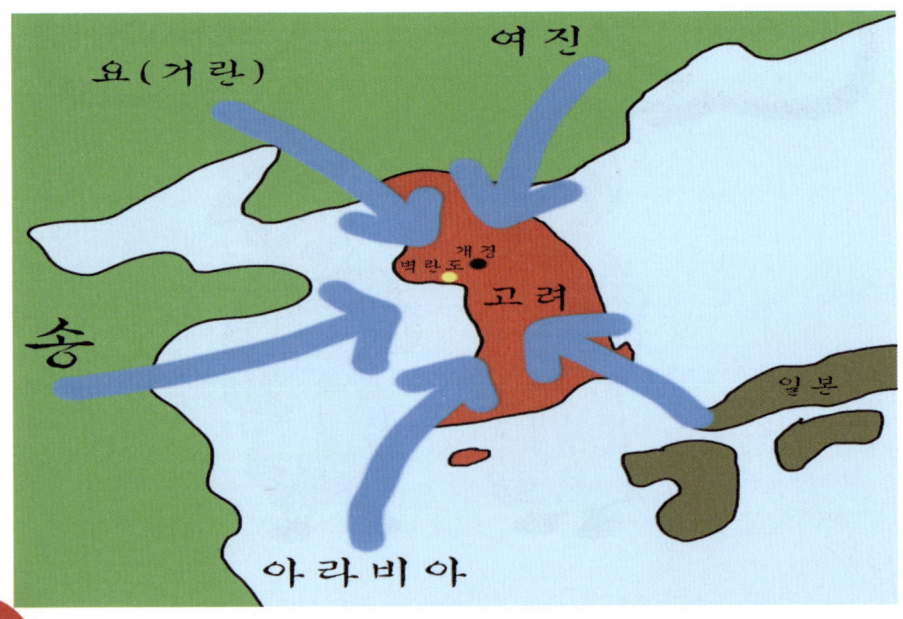

13. 고려의 수도를 개경에서 서경(지금의 평양)으로 옮길 것을 주장한 사람은?

1) 궁예
2) 원효
3) 묘청

정답 : 3) 묘청

고려의 귀족들은 모두 개경(개성)에 살았어요. 지방 세력들은 당연히 불만이 컸지요. 왕실 또한 이자겸의 난 이후 귀족들이 득실대는 개경이 싫어졌어요. 이런 틈을 타 서경에 근거지를 두고 있던 묘청이 수도를 옮기자고 주장했고, 왕인 인종은 이를 따르려 했지만, 귀족들의 반대로 포기했어요.

[묘청 동상 | 천안시 한민족역사문화공원]

14. 무신들이 불만을 품고 일으킨 사건은 무엇일까요?

　　1) 무신정변
　　2) 공산 전투
　　3) 임진왜란

정답 : 1) 무신정변

 학문을 연구하는 학자들을 '문신', 무예를 익혀 전쟁터에 나가 싸우는 장군들을 '무신'이라고 해요. 고려는 모든 것이 문신 위주여서 무신이 차별받기 일쑤였어요. 이에 불만이 커진 무신들이 1170년에 일으킨 사건이 '무신정변'이에요. 그 뒤로 100년 가까이 무신들이 권력을 잡았어요.

15. 몽골의 침입에 맞서 강화도, 진도, 제주도로 이동하며 싸운 부대는?

1) 삼별초
2) 별기군
3) 사초

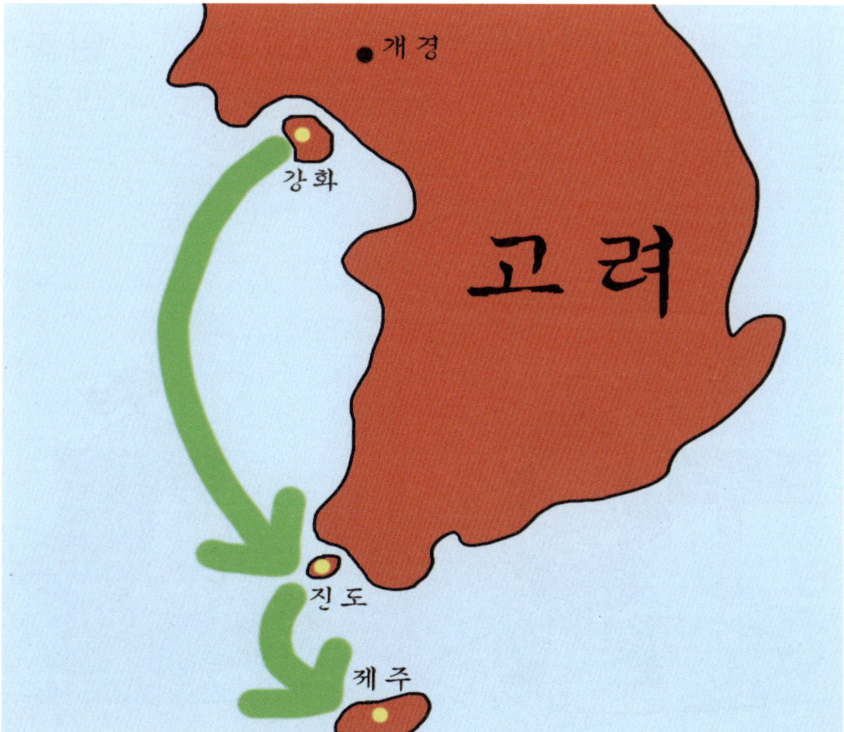

정답 : 1) 삼별초

 삼별초는 무신 정권을 보호하기 위한 부대로 만들어졌어요. 하지만 몽골이 침입하자 이에 맞서 싸우는 부대로 바뀌었지요. 삼별초는 무신 정권이 무너진 후에도 몽골에 항복하지 않고 제주도까지 이동하며 대항했어요. 고려 사람들은 이런 삼별초에게 뜨거운 응원을 보냈다고 해요.

16. 몽골이 세운 나라의 이름은 무엇일까요?

1) 한나라
2) 원나라
3) 청나라

정답 : 2) 원나라

몽골은 1231년부터 1270년까지 고려를 여러 차례 쳐들어왔어요. 전쟁이 끝난 뒤에 몽골은 원나라를 세우고 고려에 간섭하기 시작했어요. 고려 왕과 원나라 공주가 결혼하게 하고 고려 사람들이 원나라의 문화에 따르게 하는 등 많은 것을 요구했어요.

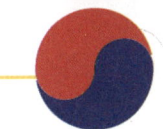

17. 원나라가 약해지자 고려의 힘을 키운 왕은 누구일까요?

1) 김부식
2) 무열왕
3) 공민왕

정답 : 3) 공민왕

공민왕은 원나라에 인질로 잡혀가서 살다가 1351년에 고려로 돌아와 왕이 되었어요. 왕이 된 공민왕은 원나라에 충성하는 사람들을 쫓아내고 나라의 힘을 키우기 위해 여러 제도를 만들었어요. 원나라가 고려를 감시하던 기관을 없애고, 빼앗겼던 동북쪽의 땅도 찾아왔지요.

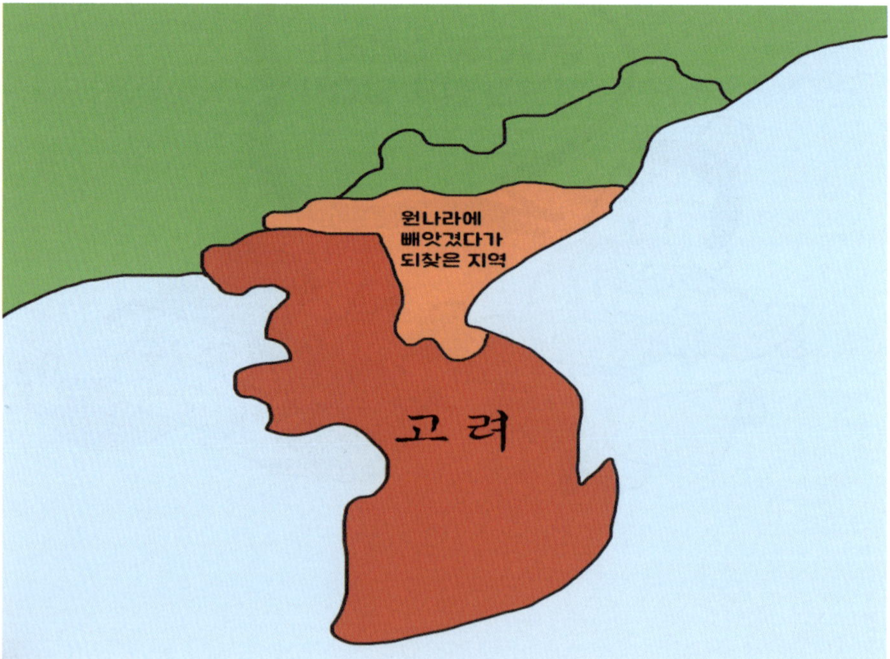

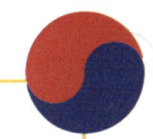

18. 고려에서 화학을 만든 기관은 어디일까요?

1) 훈련도감
2) 화통도감
3) 관찰도감

정답 : 2) 화통도감

　화통도감은 화약과 무기를 만들던 기관이에요. 고려 후기에는 왜구의 침입으로 골치가 아팠어요. 고려의 장수였던 최무선은 화약 만드는 방법을 찾아내고, 화통도감을 만들었지요. 화통도감이 생기면서 화약이 많이 만들어져 왜구를 물리치는 데 큰 역할을 했어요.

19. 김부식이 완성한 우리나라 역사책은 무엇일까요?

1) 삼국사기
2) 삼국유사
3) 삼국지

정답 : 1) 삼국사기

'삼국사기'는 1145년에 김부식이 왕의 명령을 받아 완성한 역사책이에요. 현재까지 전해오는 우리나라 역사책 가운데 가장 오래된 책이기도 해요. '삼국사기'는 설화나 신화 등 신비한 이야기는 최대한 적게 기록하고, 사실적으로 삼국의 역사를 기록했어요. '삼국사기'에서 고려는 신라를 계승했다고 보았어요.

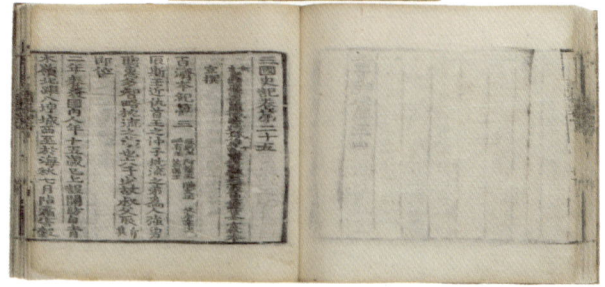

[삼국사기]

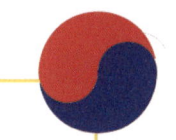

20. 삼국유사와 관련 없는 내용은 무엇일까요?

1) 단군 신화를 실은 최초의 책
2) 역사책 가운데 가장 오래된 책
3) 고려의 일연 스님이 완성한 책

정답 : 2) 역사책 가운데 가장 오래된 책

'삼국유사'는 고려의 스님 일연이 완성한 역사책이에요. 예로부터 전해 내려오는 신화와 전설, 불교 이야기, 문학 작품 등이 실려 있어 당시 사람들의 실제 생활을 알 수 있어요. 특히 단군 신화를 실은 최초의 책으로, 몽골과의 오랜 전쟁으로 지친 백성들에게 자긍심을 불러일으켰지요.

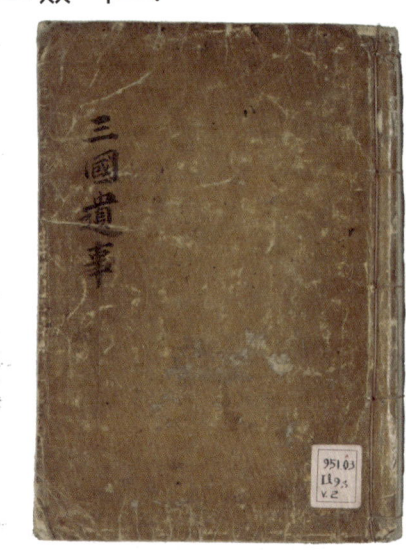

[삼국유사]

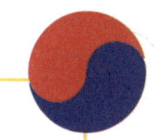

21. 몽골의 침입 때 부처님의 힘을 빌려 몽골을 물리치기 위해 만든 경전은?

1) 화엄경
2) 초조대장경
3) 팔만대장경

정답 : 3) 팔만대장경

 거란이 고려를 두 번째로 침입했을 때 고려는 처음으로 대장경을 만들었어요. 처음 만들었다고 해서 이름이 초조대장경이에요. 그런데 대장경을 만들자 신기하게도 거란이 물어갔어요. 훗날 몽골이 쳐들어오자 고려는 또 한 번 대장경을 만들었는데 이것이 팔만대장경이에요. 현재는 유네스코 세계문화유산으로 지정되어 있지요.

[팔만대장경 | 합천군 해인사]

22. 세계 최초로 고려에서 발명한 금속활자 인쇄술로 만든 책은?

1) 별주부전
2) 훈민정음
3) 직지심체요절

정답 : 3) 직지심체요절

 고려의 위대한 문화유산인 팔만대장경은 목판 인쇄물이에요. 넓은 나무판에 글자를 새겨 넣은 거죠. 그래서 수많은 글자 중 하나를 잘못 새기면 전체를 버려야 했어요. 고려 사람들은 여기에 만족하지 않고 금속을 이용한 글자, 즉 금속활자를 만들어 필요한 글자들만 모아 책을 펴냈어요. 이렇게 만들어진 첫 책이 직지심체요절이에요. 직지심체요절은 1886년 조불수호통상조약 이후 초대 공사를 지낸 프랑스인 콜랭 드 플랑시가 수집하여 프랑스 국립도서관에 기증했고 현재도 프랑스에 있어요.

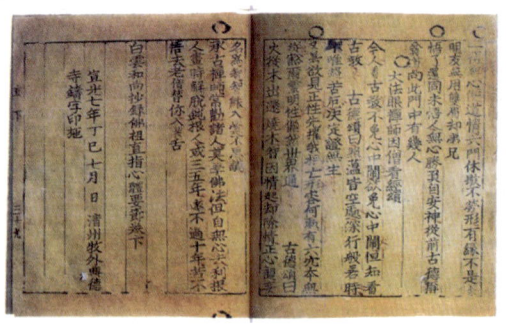

[직지심체요절 | 프랑스 국립도서관]

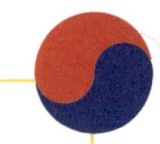

23. 고려의 대표적인 도자기는 무엇일까요?

1) 빗살무늬토기
2) 상감 청자
3) 민무늬토기

정답 : 2) 상감 청자

 상감 청자는 고려의 대표적인 도자기예요. 먼저 흙을 빚은 그릇에 그림을 그리고, 그림을 따라 홈을 파요. 그리고 홈이 파인 곳에 흰색이나 붉은색의 흙을 채우고 긁어낸 후 가마에서 구워요. 마지막으로 도자기에 유약을 입혀 다시 구우면 아름다운 비취색의 청자가 완성되지요.

[상감 청자]

24. 원나라에서 목화씨를 가져온 사람은 누구일까요?

1) 문익점
2) 최치원
3) 최승로

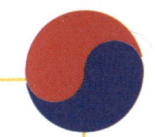

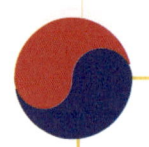

정답 : 1) 문익점

 고려의 학자인 문익점은 원나라에서 목화씨를 가지고 돌아왔어요. 그리고 목화를 재배하는 데 성공했어요. 문익점은 목화솜에서 실을 뽑아 무명을 짜는 방법도 알아냈지요. 덕분에 백성들은 삼베옷 대신 무명옷을 입을 수 있었고, 솜옷으로 겨울을 따뜻하게 보냈어요.

[목화]

임진왜란 때 이순신의 학익진 전술로
유명한 전쟁은 무엇일까요?

4. 조선 시대

1. 조선을 세운 사람은 누구일까요?

1) 이방원
2) 이성계
3) 이승만

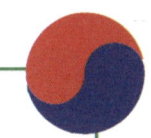

정답 : 2) 이성계

 명나라가 고려에 철령 북쪽의 땅을 요구하자, 우왕과 최영은 이성계에게 요동 지역을 공격하라고 했어요. 하지만 이성계는 이를 따르지 않고 위화도에서 군사를 되돌려 개경으로 돌아와 권력을 잡았어요. 그리고 왕과 고려에 충성하는 신하들을 내쫓은 뒤에 1392년에 조선을 세웠지요.

[태조 이성계]

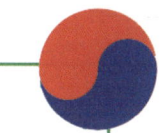

2. 마지막까지 고려에 충성한 신하는 누구일까요?

1) 정몽주
2) 정약용
3) 정조

정답 : 1) 정몽주

 정몽주는 고려 말의 학자이자 충신이에요. 이 시기 신하들은 고려를 이어가되 잘못된 점을 고치자는 온건파와 고려를 무너뜨리고 새로운 나라를 세워야 한다는 급진파로 나뉘었어요. 정몽주는 고려를 끝까지 지키려고 했어요. 하지만 이성계의 아들 이방원이 선죽교에서 정몽주를 죽이고 말았어요.

[선죽교 | 개성시 선죽동]

3. 이성계가 조선을 세운 후 개경을 떠나 새롭게 수도로 삼은 도시는?

1) 경주
2) 인천
3) 한양

정답 : ㅋ) 한양

 조선을 세운 이성계는 개경에서 나라를 다스리기 시작했어요. 하지만 새롭게 출발하는 조선 왕조를 전국의 백성들에게 보이기 위해 새로운 수도가 필요했지요. 그 결과 산으로 둘러싸여 방어에 유리하고 한강이 흘러 농사짓기에도 유리한 한양을 수도로 정했어요.

4. 다음 중 세종의 업적과 관련이 없는 것은 무엇일까요?

1) 4군 6진 개척
2) 한글 창제
3) 성균관

정답 : 3) 성균관

성균관은 고려 말에 생긴 국립대학이에요. 고려 초기부터 있던 국자감을 성균관으로 이름을 바꿨지요. 조선은 이를 그대로 이어받아 나라를 세운 초기부터 성균관을 유지했어요. 따라서 세종의 업적으로 보기는 어려워요. 세종은 집현전 설치, 한글 창제, 4군 6진을 통한 국토 확장, 과학 기술 발전 등의 업적을 남겼어요.

[세종대왕 동상(좌) | 훈민정음(우)]

5. 조선 시대에 만들어진 해시계는 무엇일까요?

1) 자격루
2) 앙부일구
3) 편경

정답 : 2) 앙부일구

앙부일구는 세종이 장영실 등 과학자에게 만들게 한 해시계예요. 오목한 시계 판에 그어진 세로선은 시간을 나타내고 가로선은 계절을 나타내요. 사람들은 바늘의 그림자를 보고 시간과 계절을 알 수 있었어요. 앙부일구는 사람들이 많이 다니는 곳에 두어 시간을 알 수 있게 했어요.

[앙부일구]

6. 측우기는 무엇을 재는 기구일까요?

1) 바람의 세기
2) 온도
3) 비가 내린 양

정답 : ㅋ) 비가 내린 양

 조선에서 만든 측우기는 빗물을 받아 비의 양을 측정하는 기구예요. 측우기는 같은 크기로 만들어 지역마다 설치해 전국적으로 비가 내린 양을 확인했어요. 조선 사람들은 측우기로 농사지을 때를 미리 짐작하고, 홍수와 가뭄으로 인한 피해를 예방했어요.

[측우기]

7. 조카인 어린 단종을 내쫓고 왕이 된 인물은?

1) 고종
2) 세조
3) 문종

정답 : 2) 세조

  세종에게는 똑똑한 아들이 여럿 있었어요. 큰아들 문종은 세종만큼이나 훌륭했지만 몸이 약해 어린 아들인 단종을 남겨 두고 일찍 죽었어요. 이 틈을 타 세종의 둘째 아들인 수양대군이 어린 조카를 내쫓고 왕이 되었고, 그 왕이 바로 제7대 왕 세조예요.

[세조]

8. 조선 최고의 법전은 무엇일까요?

1) 경국대전
2) 8조법
3) 헌법

정답 : 1) 경국대전

경국대전은 세조 때 만들기 시작하여 성종 때 완성한 조선의 기본 법전이에요. 경국대전에는 조선의 정치, 경제, 사회에 대한 기본적인 법이 담겨 있어, 그 내용을 통해 조선 시대의 생활 모습을 짐작할 수 있어요. 조선 왕조 500년 동안 최고의 법전으로서 자리를 지켰어요.

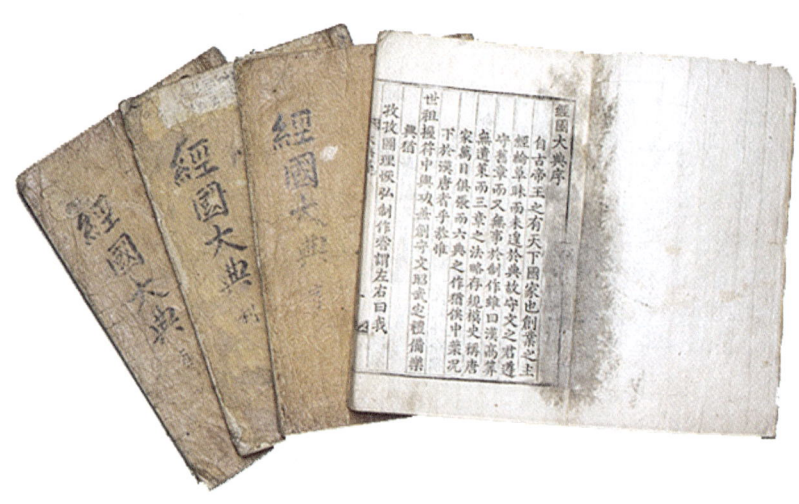

[경국대전]

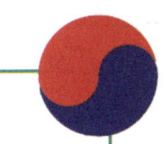

9. 조선 시대 의관, 역관 등이 속했던 신분은?

1) 양반
2) 노비
3) 중인

정답 : 3) 중인

조선 시대 신분은 크게 양인과 천민으로 구분하였어요. 양인은 다시 양반, 중인, 상민으로 나누었어요. 양반은 가장 높은 신분으로 관리가 되어 나랏일을 할 수 있었어요. 중인은 양반 다음 신분으로 통역을 하는 역관, 의학을 공부한 의관 등 전문적인 일을 하는 사람들이 많았어요. 상민은 대부분이 농민이었고 천민은 대부분이 노비였어요.

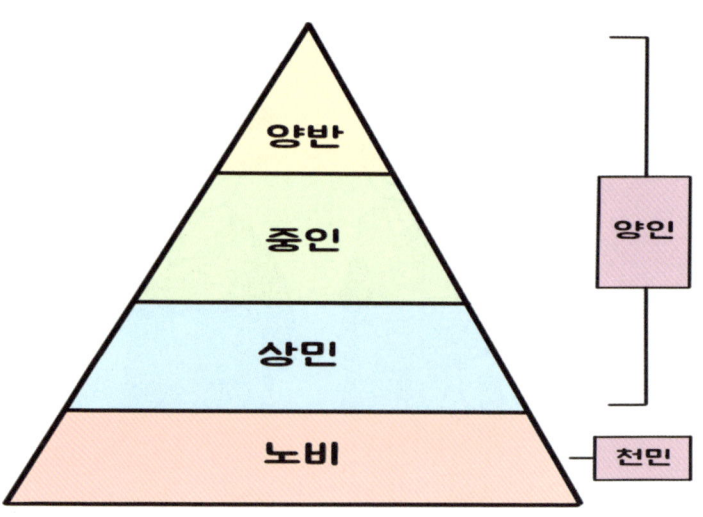

10. 1592년, 일본이 조선을 공격해 일어난 전쟁은 무엇일까요?

1) 신미양요
2) 임진왜란
3) 병자호란

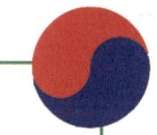

정답 : 2) 임진왜란

 임진왜란은 1592년 일본이 명나라를 공격하기 위해 길을 빌려 달라는 핑계로 벌인 전쟁이에요. 일본군은 20여 일 만에 한양을 빼앗고 함경도까지 올라갔어요. 이순신을 비롯한 여러 장군과 군사들, 의병들까지 힘을 합쳐 결국 승리했지만, 중요한 문화재가 불타고 많은 사람이 죽었어요.

11. 임진왜란 때 이순신의 학익진 전술로 유명한 전쟁은 무엇일까요?

　　　1) 행주 대첩
　　　2) 한산도 대첩
　　　3) 진주 대첩

정답 : 2) 한산도 대첩

한산도 대첩은 1592년에 이순신 장군이 이끄는 조선군이 일본군을 크게 물리친 전쟁이에요. 이순신 장군은 학이 날개를 편 모양으로 적을 감싸는 학익진 전술로 전쟁을 승리로 이끌었어요. 한산도 대첩은 진주 대첩, 행주 대첩과 함께 임진왜란 3대 대첩으로 불려요.

[이순신 장군 동상 | 서울시 광화문광장]

12. 광해군이 명과 후금(훗날 청나라) 사이에서 행한 외교 정책은?

1) 중립 외교
2) 사대
3) 교린

정답 : 1) 중립 외교

 광해군이 왕이 되었을 때 중국은 큰 변화를 겪고 있었어요. 명나라가 무너져가고 후금(훗날 청나라)이 떠오르고 있었거든요. 광해군은 이 두 나라 사이에서 교묘하게 중립 외교를 펼치며 조선의 이익을 취하고자 노력했어요.

13. 조선의 왕이 일본에 보낸 공식적인 외교 사절은?

1) 조공 외교
2) 통신사
3) 영선사

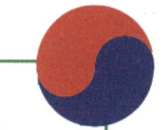

정답 : 2) 통신사

 임진왜란 이후 조선은 일본과의 교류를 끊어버렸어요. 하지만 일본 입장에서는 조선과 교류해야만 앞선 문화를 받아들일 수 있었기 때문에 조선에 다시 교류하자고 요청했어요. 조선은 일본으로 끌려간 포로를 돌려주는 조건으로 외교를 허락하고, 정기적으로 사신을 교환했는데 이 사신 일행을 통신사라고 불렀어요.

[조선통신사 행렬도]

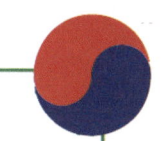

14. 뜻이 같은 사람이 모여서 하는 정치는 무엇일까요?

1) 세도 정치
2) 붕어 정치
3) 붕당 정치

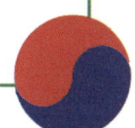

정답 : 3) 붕당 정치

 붕당은 학문과 뜻을 같이하는 신하들이 모인 정치 집단이고, 그들이 하는 정치를 '붕당 정치'라고 해요. 처음에는 상대 붕당의 의견에 귀를 기울이며 문제를 해결함으로써 정치 발전에 도움이 되었어요. 하지만 조선 후기부터 자기 붕당의 이익만 챙기고 상대를 비판하고 공격해 문제가 되었지요.

15. 청나라가 조선을 쳐들어와 일어난 전쟁은 무엇일까요?

1) 임진왜란
2) 병자호란
3) 병인양요

정답 : 2) 병자호란

  병자호란은 1636년에 청나라가 조선에 쳐들어와 일어난 전쟁이에요. 광해군은 중립 외교를 했지만 이후 조선은 명나라와 가까이 지내면서 후금을 멀리했어요. 후금은 강해져서 청나라로 이름을 바꾸고 조선을 공격했어요. 그 뒤로 조선은 청나라와 임금과 신하의 관계를 맺고, 소현 세자를 비롯한 많은 인질을 청나라로 보냈어요.

16. 조선의 주민등록증은 무엇일까요?

1) 호패
2) 엽전
3) 여권

정답 : 1) 호패

　호패는 오늘날의 주민등록증과 비슷해요. 조선 시대에 16세 이상 남자는 신분 확인을 위해 호패를 가지고 다녔어요. 신분에 따라 호패에 적는 항목도 달랐는데, 노비는 주인의 이름까지 기록했어요. 호패 덕분에 가구 수를 파악하고 세금을 안정적으로 거두어 나라에 도움이 되었어요.

[호패]

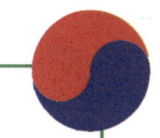

17. 특산물을 세금으로 내는 것을 없애고 쌀, 베 등으로 세금을 내게 한 제도는?

    1) 영정법
    2) 군포제
    3) 대동법

정답 : 3) 대동법

 대동법은 특산물 대신 쌀이나 베, 돈으로 세금을 내게 한 제도예요. 이 덕에 상거래가 활발해지면서 조선 후기 경제도 차츰 살아나게 되었어요. 군포제는 군대에 가지 않는 대신 베를 세금으로 내는 제도였어요. 영정법은 조선 후기에 땅을 가진 사람들에게 걷던 세금 제도예요.

18. 수원 화성을 지은 왕은 누구일까요?

    1) 세조
    2) 정조
    3) 영조

정답 : 2) 정조

 정조는 사도 세자의 아들로, 수원에 화성을 짓고 왕의 힘을 튼튼히 하는 데 힘썼어요. 또 능력 있는 신하들을 뽑아 규장각에서 연구하게 했고, 그동안 차별받던 중인이나 서얼 출신에게도 벼슬을 주어 신분을 가리지 않고 인재를 뽑았어요. 정조는 여러 가지 정책으로 조선을 새롭게 변화시켰어요.

[수원화성]

19. 최제우가 만든 종교는 무엇일까요?

1) 동학
2) 서학
3) 남학

정답 : 1) 동학

　동학은 1860년에 최제우가 만든 종교예요. 최제우는 서학(천주교)이 우리 전통을 해치고 사회를 위태롭게 만든다고 생각했어요. 그래서 서학에 맞선다는 의미로 동학을 만들었어요. 동학은 '사람이 곧 하늘'이라는 인내천 사상을 바탕으로 사람은 모두 평등하다고 주장했어요.

[최제우]

20. 조선 후기에 전국적으로 널리 쓰인 화폐의 이름은?

　　　1) 은병
　　　2) 상평통보
　　　3) 명도전

정답 : 2) 상평통보

경제 활동이 활발하지 않던 시기에는 화폐보다는 쌀, 베, 은 등을 거래 수단으로 이용했어요. 하지만 경제 규모가 커진 조선 후기에는 화폐가 널리 쓰이게 되었어요. 이때 사용된 화폐가 상평통보예요. 우리나라 화폐 역사상 전국적으로 사용된 최초의 화폐예요.

[상평통보]

21. 조선 후기 권력을 잡은 가문들에
    의해 좌우되던 정치는 무엇일까요?

    1) 독재 정치
    2) 왕도 정치
    3) 세도 정치

정답 : 3) 세도 정치

 조선 후기에는 왕실과의 결혼을 통해 큰 권력을 차지한 가문인 세도가가 생겨나요. 어린 왕이 연이어 즉위하면서 세도가의 힘은 왕을 능가해버리지요. 안타깝게도 세도가는 나라를 위한 정치가 아니라 자신의 가문을 위한 정치를 하면서 조선은 점점 쇠락의 길을 걸어요.

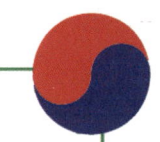

22. 흥선대원군이 전국에 세운 비석은 무엇일까요?

1) 척화비
2) 장대비
3) 순수비

정답 : 1) 척화비

척화비는 흥선대원군이 서양과 교류하지 않겠다는 의지를 담아 전국 곳곳에 세운 비석이에요. 1866년 프랑스의 공격을 받고, 1871년 미국의 침략을 받은 조선은 서양에 대한 감정이 좋지 않았어요. 그래서 서양과 사이좋게 지낼 수 없다는 내용을 담은 척화비를 세웠어요.

[척화비(좌) | 흥선대원군(우)]

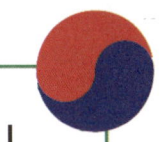

23. 조선 후기에 부강한 나라를 만들기 위해 등장한 실용적인 학문은?

1) 성리학
2) 양명학
3) 실학

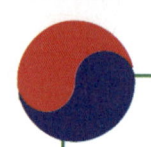

정답 : 3) 실학

 실학은 말 그대로 실용적인 학문을 말해요. 조선은 성리학이 중심을 이루었는데, 성리학은 무척 철학적인 학문으로 실생활과는 거리가 멀었지요. 그런 와중에 서양의 여러 문물이 전해지면서 성리학에 대한 반성이 일어났고, 일부 학자들은 실학을 연구하며 경제, 사회 분야의 개혁을 주장했어요.

온 국민이 일본에 맞서 만세를 부른
운동은 무엇일까요?

5. 근현대

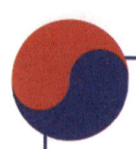

1. 미국 군함이 강화도를 공격한 사건은 무엇일까요?

1) 갑신정변
2) 신미양요
3) 병인양요

정답 : 2) 신미양요

 1866년에 미국은 제너럴셔먼호를 끌고 와 조선에 무역을 요청했다가 거절당하자 난동을 부렸어요. 화가 난 평양 주민들은 군인과 함께 배를 불태웠지요. 그로부터 5년 뒤 1871년, 미국 군함이 예전 일을 핑계로 강화도에 쳐들어온 사건이 신미양요예요. 하지만 조선은 미국 군함에 맞서 싸웠고 미국은 결국 물러났어요.

[강화 광성보 l 신미양요 당시 미군에 맞서 치열하게 싸운 장소]

2. 조선이 운요호 사건 이후 일본과 맺은 최초의 근대적 조약은?

1) 강화도 조약
2) 을사조약
3) 난징 조약

정답 : 1) 강화도 조약

 강화도 조약은 조선이 외국과 맺은 첫 근대적 조약이라는 의미가 있어요. 근대적 조약은 나라와 나라가 1대1 대등한 관계에서 맺는 조약을 말해요. 그렇다고 해서 강화도 조약이 평등한 조약은 아니었어요. 일본에 일방적으로 유리한 내용들이 들어 있었거든요.

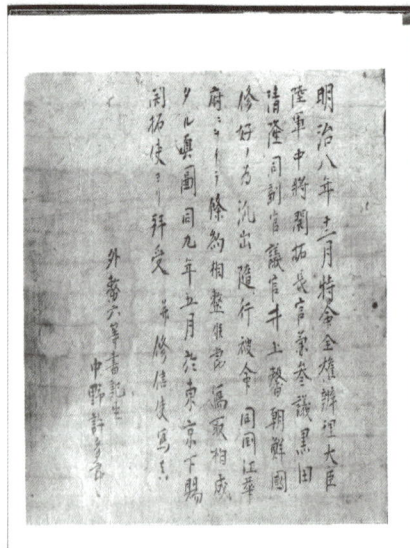 

[강화도 조약문(좌) | 조약 체결 당시 모습(우)]

3. 고종이 새로 정한 우리나라의 이름은 무엇일까요?

1) 대한제국
2) 고구려
3) 대한민국

정답 : 1) 대한제국

1896년에 고종은 일본군을 피해 러시아 공사관에 갔다가 일 년 만에 경운궁으로 돌아왔어요. 그리고 조선이 독립 국가이자 왕의 힘이 강한 나라임을 알리기 위해 '대한제국'으로 이름을 바꾸고 자신을 황제라고 칭했어요. 이후 군대와 학교를 만들고, 산업을 키우는 등 나라 발전을 위해 노력했어요.

[고종 | 조선 제26대 왕이자 대한제국의 초대 황제]

4. 일본이 외교권을 빼앗기 위해 강제로 합의한 사건은 무엇일까요?

1) 을미사변
2) 아관파천
3) 을사늑약

정답 : 3) 을사늑약

 1905년 일본은 군인들을 보내 고종의 동의 없이 강제로 을사늑약을 맺었어요. 을사늑약으로 대한제국의 외교권이 일본으로 넘어가, 다른 나라와 의논이나 협상을 할 때 일본의 허락을 받아야 했어요. 또 통감부라는 기관을 설치해 우리나라의 정치에도 간섭했어요.

[덕수궁 중명전 | 을사늑약을 체결한 장소]

5. 온 국민이 일본에 맞서 만세를 부른 운동은 무엇일까요?

1) 3·1 운동
2) 2.8 독립선언
3) 새마을 운동

정답 : 1) 3·1 운동

 1919년 3월 1일에 우리 민족이 일본에 맞서 만세를 부른 운동이 3.1 운동이에요. 민족 대표 33인이 서울 종로에서 독립을 선언했고, 학생과 시민들은 탑골 공원에 모여 태극기를 흔들며 만세를 외쳤지요. 3.1 운동은 전국으로 퍼졌고, 일본은 수많은 우리 민족을 죽이고 억눌렀어요.

[유관순 열사]

6. 8월 15일은 무슨 날일까요?

1) 광복절
2) 개천절
3) 삼일절

정답 : 1) 광복절

  광복은 '빛을 되찾는다'라는 뜻으로, 빼앗긴 나라의 권리를 되찾는다는 의미예요. 일본은 1910년부터 35년간 우리나라를 강제로 빼앗고 함부로 지배했어요. 우리도 일본의 지배에 끊임없이 맞섰지요. 일본이 태평양 전쟁에서 연합군에 크게 지면서 1945년 8월 15일에 꿈에 그리던 광복을 맞이했어요.

대한독립만세

빙글빙글 한국사 퀴즈

발행일 초판 1쇄 2023년 6월 9일
6쇄 2025년 9월 30일

엮은이 걸음마 **펴낸이** 강주효 **마케팅** 이동호 **편집** 이태우 **디자인** 하루
펴낸곳 도서출판 버금 **출판등록** 제353-2018-000014호
전화 032)466-3641 **팩스** 032)232-9980
이메일 beo-kum@naver.com
블로그 blog.naver.com/beo-kum
제조국 대한민국
주의사항 종이에 베이거나 긁히지 않게 조심하세요.
사진 및 그림자료 문화재청, 국립중앙박물관, 국립고궁박물관, 공공누리공유마당

ISBN 979-11-978983-2-7 73910
값 13,000

ⓒ 2023 걸음마
잘못된 책은 구입하신 곳에서 교환해 드립니다.
이 책의 저작권은 도서출판 버금에 있습니다.